시인 김은아

흰 바람벽

김은아 시집

시와사람

이 도서의 국립중앙도서관 출판예정도서목록(CIP)은
서지정보유통지원시스템 홈페이지(http://seoji.nl.go.kr)와
국가자료종합목록 구축시스템(http://kolis-net.nl.go.kr)에서
이용하실 수 있습니다.
(CIP제어번호 : CIP2019049315)

흰 바람벽

■ 시인의 말

정갈한 시의 밭에서
흙 냄새
바람 냄새
풀꽃의 향기를 맡으면서
사람 냄새 자연의 냄새를 맡는다

오늘
내 마음의 풍경을 바라 본다
어디에서 피어나도
살아있는 그날까지
시 밭에
평생 물을 주고 잡초를 뽑으며
예쁘게 꽃을 피우고 싶다.

2019년 가을날에
김은아

차 례

텅 빈 고요 2

3 가는 봄

귀로 4

1

흰 바람벽

흰 바람벽

한 사내가
얼어붙은 바람벽을 바라보며
밤새도록 기침을 뱉는다
행여 식구들 잠에서 깰까봐
조심조심 꽃잎을 날린다
그 꽃들의 시간을 따라가 보면
벽 모서리에 아무렇게나 써 놓은
읽을 수 없는 글자와 그림들
꿈결 인양 희미하게 돌아다닌다

기침이 잦은 그를 따라서
나도 이제 기침을 한다

가난한 그가 약 한 첩 없이 지새운
바람벽, 흰 기억 속으로
터벅터벅 걸어오는 발자국을 본다
닭 울음소리도 사라지고 없는
새벽은 와서
카랑한 기침소리를 내보이고 있다.

어둠 속에서

함정의 함정이 왔다 갔다 하는 사이
마른하늘에 천둥 번개가 지나간다

전화기 건너편, 물컹한 소리가
기계음 속을 달린다
몸에서 파도의 비릿한 냄새가 났다

잘못 건네진 한 마디

마른 바람에 뺨을 베인 듯이
오고간 말 속에 어둠이 짙게 깔렸다
한동안의 고립무언 속에서
터널을 빠져나오는데 한참이나 걸렸다
까맣게 말라버린 마음에 안개가 자욱하다
물비늘이 하나씩 벗겨진다.

고향에서

삐비꽃 일렁이는 섬마을
갯바람은 뜨거운 태양을 잠시 잠재우고
나는 오랜만에 고향에서
한 숨 쉴 여유도 없이 마늘을 자르는데
장명등으로 비추던 어머니 등뼈의 꽃은 지고
마디마디에 생긴 옹이,
몸이 다 휘어져서야 보았다

이제 어머니와 함께 마늘 자를 날이
몇 번이나 될까마는
홀로 세상의 가난을 넘으면서
눈물자리 마를 날 없었을 삶의 염도
인생의 풍랑, 묵은지처럼 삭혔을 어머니
그 붉은 슬픔 갯바람의 손길로 잠재웠다

장마 온다며 자른 마늘 빨리 싣고 오라
농협에서 재촉하는 방송은 햇빛 위로 쏟아지고
근심은 무성한데 손은 제 속도를 내지 못하자
고향의 바람은 나의 어깨를 살며시 주물러
다시금 힘을 준다

소원

평생 호미만 잡은
손이 떨린다

글 배워서
자식 손자들에게 편지 쓰고
면사무소에 가서 이름 한 번 써 보고
은행에 가서 돈 찾아보는 것이
소원 이란다

마음속에 켜켜이 쌓인
오랜 어혈 쏟아내며
삐뚤삐뚤

어메들 까막눈 면해 보는 게 소원인데
스마트폰은
자꾸 빠름빠름 하고 광고를 쏟아낸다
죽음이 없는 삶이 없듯이
구부러진 호미에서 새 순들이 쑥쑥 자라난다

오랜만에 세월이 충만하다.

겨울 억새

눈부시게 빛났던 하얀 솜털은
바람에게 다 내어주고
수척해진 몸, 허공에 몸 맡긴 억새
서걱서걱 작은 울음소리들이 모였다

연약하디 연약한 몸부림은 눈물꽃되어
이리저리 흔들리는가!
시린 바람 얼굴 때려도 바람에 맞서지 않고
그저 묵묵히 받아들이는
모체 같은 저 삶 속에
누군가에게는 눈물이었고
누군가에게는 희망이었을
견딤의 힘을 배운다

겨울이 깊을수록 가진 것 하나 없어
쓰러지지 않는 것은
추우면 추울수록 서로가 서로에게
어깨를 기댈 수 있다는 것 뿐
가벼워 흔들리는 게 아니라
강하기 때문에
몸을 굽힐 줄 안다는 사실.

장마전선

안개비에 젖어
아린 옛 사랑의 향기를 살포시 더듬어 보는데
갑자기 하늘을 집어 삼킬 듯
으르렁대며 장대비가 쏟아진다
한순간에 고요가 무너진다
누군가 내 등 뒤에서 휘청휘청 따라 온다.

해넘이

붉게 농익은 하늘
잠깐 보이고 사라져버리는 것들
손 내밀어보면 잡을 수 있을까
휘청거리며 달려온 한 해

창공을 날아가는 새들
두 발을 노을 속에 감추고
쉬지 않고 날갯짓하며 빠르게
숲으로 이동한다

여행에도 향기가 있듯
바닷가 모래밭에 주름살처럼 그려진
파도의 그림을 본다

오늘, 엄마의 얼굴에 그려진 주름살이
파도가 모래밭에 그린 그림과 저렇듯 같을까
풍덩, 빠져버리는 해넘이 속에 비춰진
붉디붉은 저 주름
이제 노을 속으로 사라지려나보다.

꿈속에서

학교에 큰 행사가 열렸는데 운동장이 작으니 저학년과 고학년이 나뉘어서 행사를 한단다 순간, 같이 있던 친구들이 눈 깜짝 할 사이 뿔뿔이 흩어지고 없었다 안내방송이 일러준 곳으로 갔더니 저학년들만 모여 있었다 친구들을 찾아 보았는데 아무도 보이지 않았다

물어물어 찾아갔더니 골목 끝에 넓은 운동장이 있는 줄 모르고 지냈다 둥그런 탁자에 삼삼오오 모여서 음식을 먹는 친구들도 있었고 끼리끼리 모여 게임을 하거나 경기를 하고 있는 중이었다 어느 곳에도 끼지 못하고 멍하니 서 있었는데

갑자기 참담한 현실이 미워졌다 한 친구에게 왜 혼자 가버렸느냐고 물었더니 따라올 줄 알았다고 한다 길치여서 그만 여기를 찾느라 얼마나 고생을 했는지 아느냐고 했는데 그 친구는 나만 두고 운동장 속으로 사라져 버렸다

왕따라는 말이 텔레비전에서 가끔 나오면, 꿈속에서 만난 그 일이 가슴을 떨게 한다.

무화과

어릴 적 우리 집에 무화과나무가 있었다
덜 익은 무화과를 따 먹거나 나무에 올라가면
할아버지의 불호령이 떨어지곤 했다
덜 익은 무화과는 입술과 혓바닥을 고통스럽게 했다
기다리면 맛있게 먹을 수 있었을텐데
카랑카랑한 할아버지의 목소리가 맴도는 것은
나무에서 떨어질까 봐 주의를 주셨던 것일까
조용조용하였던 아버지는
잘 익은 무화과를
나에게만 준 적이 있다
아버지와 함께했던
무화과 그늘 아래에서.

인동초의 저녁

하루아침에 무너져버린 균형이었다
울 시간도 없이 자식들 입에
밥 넣어주는 책임감 하나로
바닷물보다 더 짠 삶을 살았다
지친 마음 그 어디에도
내려놓을 곳 없이
들로 산으로 바다로
인생의 꽃길 걸어보지 못하고
행복한 시간 피워 볼 사이도 없이
어느새 저녁노을 바라본다
밥맛 같고 물맛 같았던 그 맛들이
영원할 줄 알았는데
가물거리는 기억을 붙잡고
행여 자식들 이름 잊을까봐
뚝뚝 영근 보리마냥
또박또박 불러보는 이름들 속에는
인동초보다 더 깊은
먼 그리움이 되어 다가올
엄마의 생이 깊어간다.

모란이 질 때

담을 넘는 향기가 허공에 손짓하니
불현듯 떠오르는 그 이름
붉디붉었던 젊은 날
제대로 숨 한번 길게 고르지 못하고
오는 듯, 가는 듯
모란꽃마냥 하르르 져 버린
내 곁을 떠나간 그 이름
가는 봄날에 흩뿌리고 간
바람 같은 사랑
지치고 힘들 때마다
꿈속에서도 가슴 먹먹해지는
늘 그리운 이름

아버지.

미운 오리새끼들

TV 예능 프로그램
미운 우리 새끼가 있다
어머니들의 근심과
한숨 소리가 돌아다닌다

싱글족 자식들의 일상이
좌불안석 눈에 밟히고
나이 먹어도 좀체 철이 들지 않아

그런 자식을 바라보는
어머니들의 유쾌하고 따뜻한 웃음도
왠지 서글픈 세상

오늘도
미운 우리 새끼를
미운 오리 새끼로 읽으며

어느새
어머니들과 함께 깔깔거리며
쉰둥이들 재롱을 보고 있다

하, 이쁜 우리 새끼들.

섬과 바다

바다는 섬의 앞마당이다
이곳처럼 싱싱하고 푸짐한 텃밭은 없다
섬은 사람을 기다린다
파도는 밀려갔다 밀려오고
하얀 포말을 만들며 또 나아간다
변하지 않는 것이 없어도
바다는 채우고 비우기를 반복한다

섬은 바다를 아무런 조건 없이 받아 준다
고향집 앞마당도 언제나 그랬다.

시월의 마지막 밤

유행가 가사 같은
시월의 마지막 밤

낙엽들에게서 도란도란 들려오는
가을 수다가 쓸쓸하다

가만히 귀 기울여보면
제각기 다른 낙엽소리가
마지막 밤을 밝힌다

갈비뼈가 부러진 남편
마지막 시월의 밤을
병원에서 보낸다며

오십의 세월을
돌아보는.

몰입

환히 불 밝힌 편의점처럼
24시간 문을 열 수는 없지만
조각난 언어를 맞추며
좋아하는 일에 마음 담아 본다

마음은 달리는 기차에 몸을 싣고
미지의 여행 떠나 본다
달려가는 바람 잡을 수는 없지만
바람은 나를 스치고 간다

먹구름이 몰려와 한바탕 비를 쏟아버리고
또다시 파란 하늘이 펼쳐질 때
벼랑 끝 아득한 곳에 서 있을 때에도
꽃들의 환한 웃음이 피어나도
세상이 온통 얼어 있어도
나는 너에게 몰입하고 싶었지

비밀의 창고 한 칸이
남아있는 이유이지.

생각 은행

생각 은행에서 시 대출을 받는다
얼마의 생각을 대출해 줄까
산책길 상수리나무 아래에서
도토리 몇 알 줍고
TV를 보다가 덜컹 내려앉는 가슴을 줍고
책 속의 잘 키운 근육 같은 느낌을
한 입 베어 물고
잠자던 화초가 살며시 고개 내밀 때
엷은 미소로 대답한다
돌담을 넘어 오는 봄
밥상 위에 소복이 담긴 봄나물에서
나물 향기가 시를 쓴다
생각 은행에서 전혀 낯선 대출을 위한
대출을 생각해 내어야 한다.

강강술래

보름밤이면
누가 모이자 하지 않아도
동네 한가운데에 있는
아름드리 소나무가 많았던 선산에서
잔디가 뭉개지도록
손에 손을 잡고 둥글게 서서
빙글빙글 돌며 목청껏 불렀던 강강술래
한복을 입지 않았어도
발에 땀이 나고 물집이 잡히도록
노래에 맞추어 신명나게 돌았다
선산 주인 할아버지는
아이들을 쫓아내느라 숨이 차고
아이들은 할아버지를 피해
밤새 뛰어놀았던
잔디가 유독 좋았던 김씨문중 선산
휘황한 달빛은
삶과 죽음의 세상을 연결해주는
띠 같은 것이었을까
뛰고 또 뛰었던
내 머리 속에
강강술래

강강술래 남아있는
지워지지 않고 빙글빙글 도는
보름달 아래 동그라미.

2

텅 빈 고요

텅 빈 고요

눈 쌓이는 소리가
풍경 속에서 고요를 붙잡았다
사그락, 사그락

왠지 모를 낯선 장소에서
도망치 듯 달려 온 그 곳에
늘 비어서 제자리걸음하고 있는
빈 항아리 같은
욕망은 어디 숨었나

밤하늘 가득
오히려 텅 빈 충만.

긴장

덩치 큰 고양이 두 마리
담벼락 위에서
앙칼지게 소리 내며
두 눈 쏘아 본다

울음소리로 기선제압을 하는 걸까
목소리는 더 거칠게 커지고
꼬리와 앞다리를 들었다 놨다 한다

입에서는 입김이 난다
한 치의 양보도 없는
새해 아침부터 공기가 팽팽하다.

노을 아래

유리창에
시를 쓴다

고추잠자리처럼
아름다운 비행 마치고

집으로 돌아가는 길에
잠시 멈추어 서서.

지는 꽃에게

너무 서러워 말라고
한 줄의 시를 읽어주고 싶다.

오르고 싶은 산

가시밭 산길을 지나
바위가 길을 막으면
거친 숨 몰아 쉬어 딛고 올라
한 번 크게 외쳐보리라

산은 침묵을 가르치는 스승이지만
도전해야 할 대상

메마른 사막의 모래를 걸으며
오뚝이마냥 벌떡 일어나
푸른 소나무의 기상을 향해,
내 앞에 우뚝 선 詩의 높이를 향해
오르리라

가시덤불 속에서도
하얗게 빛나는 찔레꽃처럼
거친 산에 피는 야생화 같은
詩의 밥그릇에
마음의 山 하나 품으리라.

미안하다

효소 담을려고
아카시 꽃잎을 땄다

아기가 엄마 젖을 빨 듯
꽃송이 속에서 단물 빨고 있는 꿀벌
흠칫 놀라며 내 머리 위로
비명 같은 날갯짓으로 윙윙 거렸다

그제야 벌들의 슬픔이었고 눈물이었다는 것을
부질없는 욕심에서 벗어나지 못 한 채
갖고자 하는 마음이 집착을 불렀다
마음 붙잡고
미안한 마음 안고 돌아왔다

꿀벌들에게 도둑이 되어버린 날
꿀 한 방울에도 벌들의 고된 노동이 있다는 걸
알고 난 후부터
미안함과 부끄러움이
선혈처럼 낭자했다.

녹차

겨울
들녘에 눈 내리면
익숙한 듯 숨죽이며
눈과 바람을 이겨냈다

찻잔에서 퍼지는 수행의 마음
옹색했던 마음 활짝 펴며
세월이 미끄러지는 소리
세상의 속도를 늦춰 걷는다.

온 몸으로 천천히 다가오는
찻잎 머금은 향기가

오늘 하루도
잘 살았느냐고
등을 토닥이며 묻는다.

참새들

하루 일을 끝마치고
일행들과 식당에 가는데
주택가 탱자나무에 앉아
저녁을 맞는 참새들
혹시, 우리 집 담장으로 날아와
먹이 먹고 가던 그 참새들일까?
도심에서 참새를 집단으로 만날 수 있다는 행복감
겨울이 혹독할수록 먹는 것도 부실했을텐데
지난 겨울 잘 버티고
여유롭게 휴식을 취하다니
우리 집
화단에 내려와
열매를 다 따 먹어도 밉지 않는다.

할머니의 호미질

동네 놀이터에서 호미소리가 들렸다
나무와 나무 사이
그 조그마한 틈새에
대파와 양파가 자라고 있어
할머니가 풀을 뽑고 있었다
아이들이 재잘재잘하며 뛰어 놀아야 할 그곳에
할머니의 손길이
봄바람을 타고 무럭무럭 잘 크고 있다
무언가 꼬물거리며 손을 놓지 않고
평생 호미를 잡고 사셨을 삶이
오늘은 애잔하다
그 무엇이
할머니에게 대파와 양파를 심게 하였을까

일용직 대기소에서

새해 첫날
어등산으로 발길을 옮기는데
일용직 대기소에 불이 환하다
장작불에 곱은 손을 녹이는 가장들
어깨가 처져있다
빨갛게 타오르는 불빛 속에 던져진
숙제 하나가 둥둥 떠 있다
오로지 그 숙제 하나 하기 위해
남들 다 쉬는 새해 아침에
하루 일당이 얼마나 소중한 것인지
오늘 하루도
불러주기를 간절히 바라는 소망 하나를
새해 첫 날부터 빌었을
그 어깨의 그림자가 무겁다.

바람의 무게

바람에 의해 모양을 만드는 소나무
휘어지는 모습 속에 바람의 무게
얼마나 실려 있을까
어느 누구에게도
쌓이고 쌓인 속사연으로 기울어진
바람의 무게가 담겼을텐데
세상바람 맞으며 여기까지 온
나는 어떤 바람의 무게가 실려있나.

그런 사람

나는 누군가에게 보고 싶은 사람인가

세월이 흘러도
그 지방만 지나가도 아무개가 여기에서 사는데
떠오르는 얼굴이었는가

이름만 들어도 그리운 사람이었는가
아, 그 이름
요즘도 시 잘 쓰고 문학 활동 열심히 하고 있다고
궁금한 사람들에게 이름 전할 수 있는 그런 사람인가
슬프고 힘겨울 때 같이 울어주고
눈물 닦아줄 수 있는 그런 사람인가.

증도 가는 길

태평염전에 시화 보러 가는 길
아카시꽃과 찔레향이 오월을 꾸몄다

하얗게 일렁이는 삐비꽃의 군무 속에서
시화들은 저를 읽어줄 눈길을 기다린다

새들도 시를 읽는다
시화 위에 앉아 배설도 하고
노래를 부르고 제 날개를 추스른다

바람은 손님으로 초대되어
허공에 은빛 색을 띄워 놓고 붓질을 한다

삐비꽃들도 시를 노래하고
머리를 이리저리 흔들며 게송한다

행복한 고독의 시간이 증도에 흐른다
증도에서는
시들이 바람을 부르고
사람들이 머리 속에서 삐비 꽃잎을 날린다.

엉키다

더덕과 참마가
시합이라도 하듯
지줏대 끝에 올라 허공에 손짓한다
허공에 몸을 의지 할 수 없으니
떠다니는 손짓들
둘이 서로 엉켜버렸다
뱀처럼 똬리 틀며
서로에게 의지하는 관계
바람 불면 살랑살랑
하늘하늘 매달린 종소리가
가녀린 줄기 끝에서
느린 듯 향기를 품고
들려온다.

페이스 북에서

페이스 북에 들어갔다가
어느 시인의 방을 발견하고
그의 일생을 읽는다

사람들이 달고 간 댓글 속에
시인을 바라보는 눈빛들이
속절없이 젖어있는 낙엽들 같았다

수 많은 시어들이 돌아 다녔다
바삭바삭 타들어가는 나뭇잎처럼
푸르렀던 시간들이
가을비에 호젓하게 젖고 있었다

내 청춘의 어느 시절 읽었던 시집에는
잠을 태우고 시를 태워서 적었던
붉은 울음들이 남아 있는가.

통증

막무가내이다
일 년이 지나도 그 흔적 사라지지 않고
나를 뼛속 깊이 가두고 고문을 한다.

바늘로 찌르고 전기가 찌릿찌릿 흐르고
생살에 철사를 박아 꽉, 조이는 듯
발걸음 옮길 때마다 허리에
쇳덩어리를 매달고 있는 듯
무거움과 뻐근함, 생살이 찢어질 것 같은
통증이다

이 고통 너머에 또 어떤 슬픔이
기다리고 있을까
문득, 다가 온 계절의 문턱에서
쏟고 또 쏟은 설움
숨이 멎을 듯한 처연함이
가을빛 타듯 노을처럼 붉어졌다.

덕장에 피는 꽃

찬바람 불면 마을은 화원이 된다
바다처럼 펼쳐진 용대리 덕장에
용달차들이 들어오면
기다렸던 사람이 오셨으니
꽃밭이 된다
명태가 지천이었다는 옛 시절은 갔어도
떠난 이도 돌아와 일손 거두고
개들도 한 몫 거든다는 용대리*
덕장에
진눈깨비 내리는 날
명태가 황태가 되기 위해선
오십년 직장을 마감한
시간이 돌아와 걸려보는데
늙은 아버지의 세월에는 아직 은퇴가 없다

아버지는 힘들게 일 하는
아들이 걱정 되고
아들은 추위에 고생하는
아버지가 걱정이 되어
눈보라치는 영하의 날씨에도
오랜 습관처럼 굳어버린 아버지의 세월이

얼고 녹고, 얼고 녹아내리는
덕장의 세월
손녀들의 재롱에도
덕장에 피어난 겨울 꽃들이 시리다.

*용대리 : 강원도 인제군 북면

신안素描

가거도의 파도 소리가 아침을 열고
기암괴석 어우러진 홍도의
바람이 묻혀 나르는 파도 위에서
당신의 발소리 같이

압해도에서 손을 잡고
천사대교를 건너 모래를 내려놓은
자은도 백길 해수욕장
여인송의 자태는
나그네 눈이 멀 만큼 아찔하다

매콤한 대파의 향내 뒤로 하고
암태도 소작인들의 항쟁기념탑과
매향비를 지나 노둣길을 나서다보면
팔금도의 외로운 삼층탑에서도
핍박과 굴종의 남도 역사의
흔적들이 선명하게 남아있다

안좌도 다리 건너는 김환기 화백 생가에서는
불굴의 예혼과 투지 느껴보고 싶었는데

소금꽃 활짝 핀 천일염전
붉게 물든 칠면초 춤사위에 젖다보면
비로소 신안의 아름다운 속살 내음
섬들의 비릿한 갯벌 냄새

해당화가 피어 손짓하는
생명으로 펼쳐진 갯벌의 밭에서
숨소리들이 일어난다

바위들마다 악착같이 들러붙어
푸른 물결을 지탱해 온
천사의 섬들을 기르는
신안의 바다가 거기 있다.

중독

하루에 4갑을 피우다가
병원에 입원해 있으니
지옥이 따로 없다 한다
수시로 병실문을 열고 밖에서 피우는데
그래도 하루 2갑을 피운다하니
대단한 중독이다
철강 회사에서 일 하다
갈비뼈가 부러져 온 아저씨
기침이 나올 때마다
죽을 듯 괴로운데도
죽어도 담배를 참을 수 없다한다.
사랑보다 더 끈질긴
심각한 인연이다.

아름다운 반란

-비움 박물관에서

바람의 빈틈 사이로
수많은 과거들이 차곡차곡
가난의 시간을 건너와 있다
진열대로 향하는 시선들

세월의 뒤안길에
사라져가는 흔적들
가슴 시린 추억들
쓸쓸함과
그리움을 어루만지게 하여준다

잃어버린 세월을 찾아가고픈
메마른 생명들에게
피어나는

들꽃처럼
아름다운 반란이여.

멀리 간 그대

허망하여라

그대 발길 붙잡아주지 못해 미안할 뿐

폭염 속으로 가는 걸음

이제

누가 가난한 세상의 눈물 닦아줄

따뜻한 손길 내밀지

부디

풀꽃 피는 세상에서 영면하소서.

3

가는 봄

가는 봄

박태기나무
진분홍 꽃이 지고
가지의 새 잎들이
제법 그늘을 드리운다
화분의 흙을 덮으며
땀을 닦으니
여름은 성큼성큼 다가오고
봄날은
뒷걸음질로 달아나고 있다.

봄날

따뜻한 햇볕이
창문 너머 마루로 들어오면
강아지는 낮잠을 청하고
화초들은 생기가 넘친다

바람이 불면 부는 대로
비가 오면 오는 대로
적막했던
침묵의 시간 속에서
겨울의 흔적을 지워가는
순리를 펼친다

천광년을 달려온
훈훈한 햇볕이 도착하는
봄날의 오후.

바람의 흔적

바람 속에 나를 세워두고
바람을 맞는다
봄날로 가는 길이 위태로워도
담을 넘어온 바람이 아슬아슬하다
시계바늘을 맞추느라
바쁜 봄꽃들
코끝에 스미는 쟈스민의 향처럼
나에게도 그런 날이 있었지
봄비 그치고 언제 왔는지
어느새 내 곁에 바짝 붙어서
젖어버린 마음 흔들며
바람은 흔적을 찾아
나더러 자꾸 꽃보러 가자 한다

오늘
옷깃에 묻어 온 꽃 냄새와
바람의 흔적이 지나간 자리에
남아있는
낭자한 자색의 향기를 맡는다.

봄은 근육통이다

봄을 팠다
호미로 파고 심고
풀을 뽑고
아이고, 허리야
봄이 사람잡네
봄은 사람을 움직이게 한다
뭐라도 심어야 직성이 풀리게 한다
꽃 한포기라도 심어야 하고
상추도 고추도
심을 것들이 너무 많아
흙과 친해지는 계절
흙에 호미질을 하다보면

봄은 근육통이다.

봄이 오는 소리

먼 발치에서 자박자박
걸어오는 봄은 예쁘다

많은 봄을 맞이하고 보냈지만
봄은 여전히 설레고 궁금하다

또, 어떤 꽃들이 피어
기쁘게 할 것인지
상큼한 꽃내음 풀내음을 선물할 것인지

봄을 나르는 따뜻한 햇살 익는 소리
살갗을 간질이는 솜털 같은 바람 소리
땅을 살짝 밀어 올리는 새싹들 소리
꽃이 피는 소리
놀이터에 놀러 온 아이들 웃음소리
고실고실 빨래 마르는 소리
연둣빛 말간 잎들 피어나는 소리
진해져 오는 산빛 소리
굳게 닫았던 창문 여는 소리
굳게 닫았던 마음 여는 소리

의문

작은 화단에
나비가 날아오기 시작 한다
종류가 많아
화초들 비상이다

잎이 말리거나, 겹쳐있거나
구멍이 숭숭 뚫어져 있거나
뜯겨나간 자리엔 어김없이
애벌레가 숨어있다
어떤 것은 잎을 다 먹어 치우고
줄기만 놔 둔 것도 있다

화초를 생각하면 애벌레를 잡아줘야 한다
애벌레를 생각하면 애벌레도 먹고 살아야 할텐데

상처가 품었던 화초와 애벌레
세상에 물음표를 던지고
나비 날아간다.

하늘매발톱꽃

물홈통 밑 배수구에
매발톱 얌전히 자리 잡고 앉아
옆 화분에서 흘러나온 물 먹고
꽃 피었다
부끄러운지
고개 푹 숙이고
발톱의 힘으로
배수구 꽉 부여잡고
바람에 흔들리며 피었다
사람도 꽃도 예뻐야 사랑받는 세상
촉촉하게 내려앉은 향기
꽃비처럼 내린 마음의 빈 터에 닿지 못하고
혼자서 피었다.

풀씨

잿빛 도시는 아직
매운바람 속에 엎드려 있다
나의 작은 화단에 찾아 온
흔적 하나
꽃보다 먼저 날아온
풀씨들
담장 너머로
골목 속으로
봄을 몰고 오는 것 같다
세상의 모든 정원을
푸르게
한 뼘씩 넓혀가는 게 꿈인 것을.

제비의 일생

옆집 처마 끝에
제비집이 보인다

어미가 벌레를 물고 오면
입을 더 크게 벌리고

고개를 더 높게
치켜들고

지지배배
지지배배

목청껏
소리 높인다

번갈아 가며
배고픈 새끼들을 위해

먹이를 물어다 나르던
제비 부부도

알고 있을까
제비의 일생을.

수선화

청춘의 시절 있었기에
여심을 흔드는 이여
그리운 시절이 남아 있다는 게
얼마나 행복한가
땅속에서 가려운 듯
두근두근
바깥세상이 궁금하여도
묵묵히 견디며
욕심내지 않았던 이여

여기,

낮은 땅에 몸을 세우고
작은 바람에도 흔들리는
그대 해맑은 눈빛이여.

억새꽃

억새꽃이
바다를 이루어
솜털의 파도를 일으키며
가을의 물결로 다가 온다
일렁이는 향연의 시간
누구인들
걸어보고 싶지 않겠는가
바람의 지휘자가 이끄는 대로
절정을 향해 올라가는
은빛 목소리가 들려온다
생이 깊어가는
가을.

폭설이 내리던 날

폭설이 내렸다 넘어지지 않으려고 엄마의 손을 꼭 잡고 걸었다 서로를 의지하며 걷는데 나의 발은 하늘을 향하여 뒤로 눕고 엉덩이는 눈 속으로 파묻혔다 눈은 푹푹 내리고 엄마가 내민 손 붙들고 일어섰다 장갑 속에는 데워진 엄마의 체온이 느껴졌다

딸은 엄마가 되고
엄마는 치과에 가야하는 날에
딸과 엄마의 머리 위로
옛날 같이
폭설이 내렸다.

가을이라는 단어 속에는

가을이라는
단어 하나를 허공에 걸쳐 놓는다
무궁한 글자들이 쏟아진다
고추잠자리 단풍잎 구절초 귀뚜라미 바람 햇볕
찢겨진 단어들도 굴러다닌다
시간이 혼자 중얼거린다
오래전 까맣게 잊혀져버린
죽은 언어들을 태우고
더 이상 필요 없어진 글자들을
바람이 와서 날려 버린다
어떤 것을 남겨야 하나

황홀한 속도로 달려와
휘청대며
가을이 떨구고 간 마지막 단어 속에는
시(詩)라는 단어에 묻어있는
적막도 저장이 된다.

흔적, 그리고 가을

바람에 흔들리는 수많은 생각
몸도 마음도 물들이며
가을은 붉은
단풍 꽃을 피웠다

사박사박 쌓이고 쌓여
걸음걸음 아픈 흔적들이
여기저기 흩어져 있다

낙엽이
남긴 흔적들

언제나 그러했듯
꾹꾹 눌러 담아
올 한 해도 수고 했다고

마침표가 아닌
위로의 향훈처럼 날려 보내줘야지.

감나무

아무도 살지 않는 시골집에
여기저기
빈 흔적이 한 가득이다

한가하게 온 가을은
파란 하늘에
구름 몇 조각 올려놓았다

마당엔 잘려나간 그리움과
미안함이 차곡차곡 포개져
주황빛 풍경들이 대롱대롱

보살펴주지 않았는데도
감나무
감나무.

나에게 가을은

시간마저 머물다가는 백양사
비자나무의 우는 소리가 들리면
단풍잎이 물든다

가을이 나를 버리고 가는 것이 아니라
내가 가을을 보내고 있는 것
낙엽 한 장 한 장에도
그저 죽은 잎사귀가 아니라
어느 누군가의 책갈피에 꽂히면서
보살행을 하고 있다는 사실을 알았다

바스락, 바스락 소리
혼자 노는 바람 소리 따라
이별을 보내지 못하고
옛 기억에 새 기억을 더 한다

뿌리에서 가장 멀리 있는 열매가 달 듯
음악도 제 계절에 맞춰야 제 맛이 나고
갓 볶은 커피가 향이 좋듯
가을이 깊어 갈수록
삶은 늘 기다려지고
떠나보내는 연습을 한다.

가을은

데리러 가지 않아도
놀란 가슴 쓸어 내리 듯
뚜벅뚜벅 걸어서 곁으로 온다
단단히 여문 시간 속에
충실한 마음으로 계절을 물들인다
억새밭 가장자리 윤기 나는 햇볕이 매끄럽다
나뭇잎들에게 길을 묻고
허공에게 길을 묻고
꽃잎은 저물리는 들꽃들에게도
가야 할 길을 일러주며 온다
물빛 고운 호수에 촘촘히 어린 풍경을 던져 놓고
그 사이를 만져주는 손길로 온다

가을의 길들은 표정을 바꾸기 시작한다
가을로 가는 내 마음은
아직 붉은데
저만치서 익어가는
하루의 그림자 위에
가을은.

산벚꽃 질 때

허공에서 떨어지는 산벚꽃의 속도를
한 번이라도 생각해 본 적 있는가?
훅! 하고 불면 꽃잎처럼 떨어질 것 같은
간당간당한 목숨
화순 너릿재 터널 지나
전대병원 뒷산에서 만난 엄마와 딸
아름다운 사월의 환한 적막 속에서
마지막으로 떠날 소풍을 준비하는지
'엄마 내가 김밥 맛있게 쌀게
엄마가 옆에서 꼭 도와줘, 알았지?
꼭, 약속해'
아직은 어린 딸이 엄마에게 당부하고 싶은
간절한 말
소박한 일상은 두 모녀에게
다시는 못 갈
인생의 마지막 봄 소풍이 될지 모르는
짧고도 긴 여행
연하디연한 분홍살빛 그 꽃잎이
딸의 꿈과 함께 지고 있다
지독한 항암과 방사선을 견뎌내야만 살 수 있는
식어가는 혈관 속에 희망의 기운을 수혈하며

절망을 묻는다
아리고 또 아린 마음이 꽃물 스미는 풍경 속에서
오늘 산벚꽃으로 진다

산벚꽃의 무게 는 얼마나 될까?

익은 호박

나를 보고 늙은 호박이란다
나는 주름으로 세월을 디자인했는데
나더러 못생긴 호박만 같단다
나처럼만 되면 최고지
뭐든 요리만하면 맛있지
어릴 적부터 나물이며 된장찌개에
씨앗까지
하나도 버릴게 없었던 나는
아기 낳은 산모들
부기를 빼주기도 하였는데
사람들은 나를 인정하는 데 인색하지
나이가 드는 걸 익었다 하자고 부르던
노래를 듣다보면
왠지 모르게 나도 익은 호박이 되고 싶었지.

4

귀로

귀로

못물에 석양이 빠졌다
논둑 위에 빙빙 도는 잠자리의 날개가 떨리고
싱그러운 잎 하나 던져주고 자리를 뜨는 가로수
출렁거리는 색채 위로 아무렇게나 그린 그림이 놀다 가고
구름이 내려와 발을 담그고 있다
집으로 가는 백로의 날갯짓에
얹혀있는 삶의 무게가
조금씩 가벼워져 보이는 시간
뒤따라 오는 긴 그림자가 성큼성큼
익어가는 청보리 냄새가 따라왔다
가로수 길 위의 하얀 이팝꽃 나무 아래에서
퇴근길 고픈 배를 쓰다듬는
못물에 내려앉은 산등성이의 이마가 깊어져 간다.

부채

햇살에 따끈하게 구워지는 대낮
핸드폰에서
폭염특보를 알려 온다

저 먼 곳에서
소리 없이 말을 걸어오는 바람
한줄기 골바람이 달려온다

야생화 꽃밭이 펼쳐진다
소리의 폭우가 달려와
계곡물에 발을 담그라 한다

한껏 열어놓은
몽골 초원의 풀밭이 달려온다

구불구불한 골목을 지나
은둔을 끝내고 나온
거친 숨소리를
부채는 지금 내어 쉬는 중이다.

와온에 노을이 지면

곧 빠져버릴 것 같은
일몰 속에 나를 가둔다

지지 못한 달이 손을 내밀고
쑥부쟁이의 환한 웃음은
거기 별처럼 고요하게 남아 있었다

물고기 비닐처럼 반짝이는 하얀 바람은
내 옷자락 펄럭이며
폐선 위에 던져진 질문 한가득 싣고
텅 빈 항아리 같은 마음을 얹어 놓았다

물 빠진 갯벌에 들어왔던 회색빛 바다 냄새
남겨진 기억들

어깨를 툭, 치고 가는 것들을 향해
솔섬 산허리에 잠시 머문
해와 달과 하늘과 바다는
와온*의 해변에서
저물어 가는 너를 보았다.

*노을이 아름다운 순천 바닷가의 지명

허공에 내민 손

주택가 작은 사찰
담장 밖으로 길게 뻗은 더덕 줄기
허공에서 헤매고 있다
어디로 가야하나
누가 손 한 번 잡아주면
손쉽게 올라갈 수 있으련만
아무것도 잡을 수 없는 허공에서
두려운 손은 헛 손짓만 한다

비바람에 흔들리고
허리가 부러질 것 같아
아래로 곤두박질 치기도 한다

담장 밖 세상이 좋은 줄 알았는데
억지에 억지를 쓰는
시끄러운 소리가
귀를 의심하게 한다

지나가는 차량들의 매연에 숨이 막혀
얼른 문을 닫아버리고 싶어
댕그랑 댕그랑
종이나 칠까 보다.

소원

구름 한 번 만져보고 싶어

몽실몽실 솜털처럼 가벼운

뭉게구름 위에 마음 올려놓고

풍덩 빠져보고 싶어

어디가 하늘이고, 어디가 바다인지

불꽃으로 타는 노을도 만져보고 싶어.

북항에서

비가 올듯 바람의 유혹이 시작되자
하늘이 잠시 술렁인다
고깃배들은 아직 밧줄에 묶여 있다
정박한 배는 뒤뚱뒤뚱 파도에 몸을 맡긴다
파도는 잠시도 쉬지 않고, 배를 출렁이게 한다
한쪽에선 배를 수리 하느라 용접 불꽃이 튕겨지고
하늘에 구름이 걷히자
한쪽에선 출항 준비를 하는 선원들이 서두른다
배에 얼음을 채우고 그물을 싣고 물을 나른다
드디어 배가 바다를 밀고 나간다
북항에서는 이 풍경들이 자유롭다
만선의 깃발을 올린 배 한 척이
소란스러운 말 소리로 항구에 닿는다.

*북항 : 목포에 있는 연안여객선터미널.

선유도

초분이 있었다
돌을 깔고 나무 엮어
그 위에 시신을 올려놓고
삼 년을 육탈 시키고서야
제 자리로 돌려보낸다는

민들레 씨앗
어디론가 먼 여행 떠났다가
제자리 돌아와 싹을 피운다

물빛 깊어진 섬은
제자리에 앉아 바다를 기다리고 있었다.

으아리 꽃

남과 북의 두 정상이
두 손 맞잡아 통일을 부르던
봄바람이 불었던 날

바람의 올을
한 올 한 올 뽑아 올렸다

초록의 덩굴 사이에서

서두르지 않는
환한 미소

통 크게
대문을 열어젖힐
그날을 기다리며

으아리
으아리, 으아리 꽃이여.

송정공원에서

설 명절 끝나고
기차는 귀성객을 나르느라
긴 여운을 남기며 바쁘게 사라지고
심연의 밑바닥에서는
아쉬움과 서러움에
고독이 더 깊어진다.

상처 깊은 날개 한 번 펴보지 못하고
낭떠러지 밑으로 떨어지는가.
삶의 무게에 짓눌려
이러지도 저러지도 못하는
여인들의 속은 까맣게 타들어도
아는지 모르는지 모르는 척 하는 건지
무심한 사람들,

겨울 솔잎들이 푹신하게 깔린
공원 솔밭 길에
훈풍이 그나마 함께 걷는다.
발걸음에 놀란 새가 날개를 펴고
농부는 어느새 아껴둔 씨앗들을 들고 나와
햇볕과 타협 중이다

사람들은 휴식 찾아 공원을 찾고
나는 용아 시비 옆에서
남은 생을 잘 경작하자고 생각이 깊어진다.

두모악에 부는 바람소리

두모악 갤러리*에 가면
영혼의 바람소리 들을 수 있다
나무가 바람에 흔들리며
꿈틀거리는 음성으로 말을 건다

강렬한 햇빛과 눈과 바람
쓰러질 듯 쓰러지지 않고 일어나는
풀들의 일렁임 앞에
구름과 안개를 자욱이 품은 오름에
누워보고 싶다

셔터를 누르고, 삽시간의 황홀을 찾아
대지의 호흡을 느끼며, 안개의 촉감을 느끼며
빛, 온도, 습기, 색, 바람의 환상곡으로
자연의 소리, 생명의 소리 들을 수 있다

태풍의 거센 바람을 온 몸으로 견뎌내는
나무의 외로움과,
절대 고독이 숨 쉬는 진정한 자유를 찾은
바람 같은 그의 삶 속에
영혼의 꽃처럼 피워낸 고행과 수행이 함께 한다

가난과 고독과 투병과 싸우며
공허한 눈동자 속에 시퍼런 겨울 파도가 일렁이고 있다
그 쓸쓸하면서도 눈물겨운 풍경들 속에서
울컥, 솟아오르는 슬픔
저편 어디에선가 사진 속 그가 잊혀져 갈지라도
저기 왕눈이오름 끝자락에
오늘 내게 바람의 영혼이 되어
이어도로 서 있다.

*두모악 갤러리 : 제주도 성산읍에 있는 김영갑 갤러리

꽃비 내리는 날

가라앉고 가라앉아
심해 바닥에
순결한 영혼이 닿을 즈음
눈물도 흘러야 병을 치료할 수 있다기에
오늘은 아무도 없는 집에서
이불을 뒤집어쓰고
실컷 울음운다

기쁨의 눈물도
슬픔의 눈물도 아닌
그저 막연한

왠지 서러운
그런 눈물.

처서

바람 끝이 달라진다
서늘한 공기가 데굴데굴 굴러간다
뭉게구름이 그림을 그리고
밤이 되면 귀뚜라미 울음소리 처연하다
고단한 한 생의 등줄기를
싸늘하게 끌고 가는 저 울음 뒤에
지나가버린 바람처럼
울컥울컥 스러지는 마음

애지중지했던 물건들도
손가락 사이로 빠지는 모래알처럼
살다보면 스스로 내려놓아야 할 때 있듯이
사람이 빈 틈 없이 산다는 게 얼마나 팽팽한 삶인지
작은 시련에도 넘어지고
마음의 상처를 입으며 쉽게 찢겨지기도 하였는데
저 귀뚜라미는 밤새 누굴 찾아 우는가
한 사람이 지나가고 한 사람이 오고 있다.

노래방

이곳은 나의 자존감이
밑바닥으로 끝없이 추락하는 곳

빙글빙글 돌아가는 조명은 정신이 없어
흥겨운 노래가 나와도
지인들과 함께 하여도
흥이 나지 않는 것은
타고난 유전자 때문인지

시간이 아까워지는
아, 미친 짓거리 같은

울타리 안에 갇힌 동물마냥
남의 노래만 듣고 있어야 하는
무인도에 불시착한 나를 보며
도망쳐 나오고 싶은

그러나
세상에서 제일 아름다운
부러움이 존재하는 곳.

물들다

지심도에 핀 동백꽃 같다
봄비에 놀란 심장이 쿵,

햇빛에 실려 나에게 날아온
꽃내음, 가슴에 안겼다

뒤늦게 뛰어든 학업의 열망
흘러간 시간만큼
울컥, 피어나는 설렘

툭툭 떨어지는 걱정을 안고
한 땀 한 땀
꿈 잎을 물들인다

외길

들꽃처럼 살고 싶었던
지나간 시간들의 흔적을 꺼내 본다

이슬 몇 방울에도 흔들리고 젖을 수 있듯
떨림의 순간은 오고
달 숨소리에 쑥부쟁이 향기 지천이다
하늘 정원에 구름송이 피어나고
나무의 그늘을 펴 항아리에 담아 본다

진흙이 있어야 연꽃이 살아가듯
엉성한 독백으로 방황하는 사이
천둥, 번개가 지나가고
먹구름이 달려와 덮어 버린다
유리창에 성에가 끼어 보이지 않지만
가려진 장막을 뚫고

선산을 지키는 소나무처럼
운명처럼 다가 온 시(詩)의 길을
뚜벅뚜벅 걸어 간다.

그늘이 필요해

퇴근 길 인도에서 만난
멧비둘기 한 마리
연일 계속되는 폭염에
지친 날개 펴지 못하고
방향을 잃었다

구조요청 전화를 했더니
멧비둘기는 구조대상이 아니라서
내버려두고 그냥 가라는
답변을 들어야 했다

살아야 하는 목숨에게도
대상이 있다는 게 신기했다

지금 당장 한 뼘의
그늘이 필요해요.

강남제비

서울 양천구 작은 재래 시장에서 본
강남제비 행운을 드린다는 문구
사골국물 한 병 사면 계란 한판 공짜로 준다기에
비싼 계란을 주고도 남느냐 했더니
남지 않아도 개의치 않는단다
이 자리에서 오랫동안 장사 했지만
강남제비가 가게 처마에
새끼 낳은 것은 처음 일이라
왠지 복이 찾아 올 것만 같아
기분 좋게 서비스 제공이란다
가마솥에서는 사골 국물이 펄펄 끓고 있는데
뜨거운 열기 마다않고
서울 도시 한복판에서
부지런히 먹이 나르는 엄마 제비를 보며
첫 살림 차리는 아들과 함께
반찬 장을 본다
얇디얇은 비가림 천막 속에
바람이 잠시 집을 비운 사이
뜨거운 태양 가려주는
아저씨의 보살핌에
내가 더 고맙고 감사한 날

어느 집 사골 국물보다도
더 뽀얗게 우러났을
사골 국물을 따라온
복덩이 계란들.

송정 오일장에 오면

송정 오일장에 가면
누군가 정다운 사람을 만난다
어제 동네에서 보았어도
오늘 장에서 만나면 더 반갑고
내미는 손길이 따뜻하여라

무얼 샀느냐고 서로가 서로에게 물어보고
많이 사 가라며
서로의 걱정도 묻게 되더라

송정 오일장에 오면
팥죽 한 그릇은 먹어줘야
장에 왔다가는 게 되더라

눈도 입도 마음도 행복해지게 되더라
백 년 후에도 그럴 것 같더라.

시간의 계단

추석 연휴에 고향에 갔다
어머니는
찢어진 청바지를 입고 다니느냐고
지천부터 늘어 놓는다
남사스러우니 기워 입으라고
괜찮아, 엄마
찢어진 게 아니고
요즘 유행하는 옷이라고
구구절절 설명을 해보아도
통하지가 않는다
무슨 놈의 세상이 옷을 다 찢어서 파느냐고
어머니와 나의
시간의 계단.

빗물 속의 대전부르스

두서없는 생각이 휘청거렸다
여 상고 졸업을 앞두었던 나는
경기도에 예비취업을 나갔다
감정의 골짜기에 빠져 자주 허우적거리곤 했다

3개월 동안의 짧은 시간은
멀고도 낯선 곳에 대한 경험이었을 뿐
회사에서는
방송통신대도 야간대도 있다고 붙잡았지만
졸업식을 핑계로 고속버스에 몸을 실었다
흔들리는 차창 밖으로
가랑비가 부슬부슬 내리는데
흘러나온 노래

"잘 있거라 나는 간다 이별의 말도 없이
떠나가는 완행열차 대전발 영시 오십분"

유리창을 타고 내린 빗물이
눈물처럼 쏟아지던 그 밤

지금도 어디에선가

대전부르스라는 노래만 나오면
붙잡아도 소용없었던
내 청춘의 한 장면 같았던.

|해설|

가족, 성찰, 생명성의 변주
-김은아 시집 『흰 바람벽』

강 경 호
(시인, 문학평론가)

1.

시인은 정서적 사건들에서 감흥을 느낄 때 그것을 시로 형상화한다. 자유로운 상상력을 통해 문자로 그림을 그리는 시인은 기존의 관념에서 벗어나 자신만의 이미지와 의미를 생산한다. 김은아 시인 역시 일상에서 만나는 감흥들을 자신만의 상상력을 통해 시로 형상화시킨다. 김은아 시인의 특히 관심을 갖는 정서적 사건들은 첫시집 『흔들리는 햇살』의 영역에서 크게 벗어나지 않는다. 크게 보면 이번 두 번째 시집 또한 그 연장선상에서 보아도 무방하다. 가족과 고향을 사랑하고 그리워하는 시편, 자신의 삶을 반성하고 성찰하는 시편, 그리고 계절의 변화와 자연에서 생명성을 발견하는 시편, 일상의 사소함에서 삶의 방식과 풍경의 아름다움을 깨닫는 시편 등이 김은아 시인의 관심사이다.

그의 시편들은 비교적 짧은 형식들로 독자친화적인 문체를 띠고 있어 누구나 쉽게 감상할 수 있는 장점을 가지고 있다.

2.

현대인들은 대부분 유년시절 고향에서 보내다가 도시로 나가 산다. 긴 시간은 아니지만 고향에서의 정서적 체험들은 평생 동안 시인의 정서와 상상력의 원천이 된다. 그러므로 고향을 떠나 살아온 고향에서의 추억을 간직한다. 이 추억들은 한 인간의 성격과 사고를 형성하는데 아주 중요한 기제가 되어 평생 동안 좌우한다. 추억들은 고향에서의 정서적 체험, 즉 부모님을 비롯한 가족과 보낸 시간, 친구들과의 우정 등이 주요 모티브가 된다.

한 사내가
얼어붙은 바람벽을 바라보며
밤새도록 기침을 뱉는다
행여 식구들 잠에서 깰까봐
조심조심 꽃잎을 날린다
그 꽃들의 시간을 따라가 보면
벽 모서리에 아무렇게나 써 놓은
읽을 수 없는 글자와 그림들
꿈결인 양 희미하게 돌아다닌다

기침이 잦은 그를 따라서
나도 이제 기침을 한다

지금도 가난한 그가 약 한 첩 없이 지새운
바람벽, 흰 기억 속으로
터벅터벅 걸어오는 발자국을 본다
닭 울음소리도 사라지고 없는
새벽은 와서
카랑한 기침소리를 내보이고 있다.

-「흰 바람 벽」 전문

이 작품은 현재의 시점에서 과거를 회상하는 형식으로 되어 있다. 김은아 시인의 시는 비교적 정직하지만 「흰 바람 벽」에서는 "꽃잎"이라는 시어에서 보듯 비유적으로 시적의미를 감추고 있다. 그럼 여기에서 "꽃잎"은 무엇을 의미한가. 꽃잎의 의미를 알아야 이 작품을 이해할 수 있기 때문이다. 확실한 것은 실제의 꽃잎을 의미하지 않는다는 것이다. 여러 가지 의미로 해석할 수 있는 "꽃잎"의 의미는 전후 문맥으로 보아, "기침을 뱉는다"에서 짐작해볼 수 있듯이 기침과 연관이 있어 보인다. 쉽게 말해서 누군가가 기침을 관련된 것으로는 각혈을 짐작해 볼 수 있다. "그 꽃들의 시간을 따라가 보면/벽 모서리에 아무렇게나 써 놓은/읽을 수 없는 글자와 그림들/꿈결 속 인양 희미하게 돌아다닌다". 이 대목은 김은아 시인의 지금까지의 독자친화적인 시편들과는 달리 매우 애매하고 쉽게 의미를 유추하기 힘들다. 그렇지만 누군가 해대는 기침의 역사를 따라가다 보면 "읽을 수 없는 글자와 그림들"을 만날 수 있다. 결국은 의미를 알 수 없는 꽃들의 시간이 "꿈결 인양 희미하게 돌아다닌다". 그럼 기침을 해대는 사내는 누구일까? 이 작품 어디에도 그 단서가 없지만 사내는 아버지가 아닐까. 즉 화자는 유년의 기억 속에서 밤마다 기침을 해대는 아버지가 잊혀지지 않는다. 그러므로 "기침이 잦은 그를 따라서/나도 이제 기침을 한다"고 한다. 그것은 사내, 즉 아버지에 대한 연민으로 "가난한 그가 약 한 첩 없이 지새운/바람벽, 흰 기억 속으로/터벅터벅 걸어오는 발자국을" 보는 것이다. 벌써 오래된 고향에서의 일이지만 "벽 모서리" 희미한, 그러나 흰 바람 벽으로 살아서 오는 것이다. 그런 까닭에 화자는 오래된 기억 속의 일이 살아오면서 "카랑한 기침소리를" 듣는 것이다. 고향에서의 추억이지만 애처러운 모습으로 오늘에 되살아나고 있다.

이에 비해 「고향에서」는 오랜만에 온 고향에서 아직 살아계신 어머니에 대한 연민과 슬픔을 담아낸다.

> 삘기꽃 일렁이는 섬마을
> 갯바람은 뜨거운 태양을 잠시 잠재우고
> 나는 오랜만에 고향에서
> 한 숨 쉴 여유도 없이 마늘을 자르는데
> 장명등으로 비추던 어머니 등뼈의 꽃은 지고
> 마디마디에 생긴 옹이,
> 몸이 다 휘어져서야 보았다
>
> 이제 어머니와 함께 마늘 자를 날이
> 몇 번이나 될까마는

홀로 세상의 가난을 넘으면서
눈물자리 마를 날 없었을 삶의 염도
인생의 풍랑, 묵은지처럼 삭혔을 어머니
그 붉은 슬픔 갯바람의 손길로 잠재웠다

장마 온다며 자른 마늘 빨리 싣고 오라
농협에서 재촉하는 방송은 햇빛 위로 쏟아지고
근심은 무성한데 손은 제 속도를 내지 못하자
고향의 바람은 나의 어깨를 살며시 주물러
다시금 힘을 준다

-「고향에서」 전문

화자는 오랜만에 고향 섬마을에 왔다. 어머니와 마늘을 자르는데 뼈마디마디에 생긴 옹이로 인하여 어머니의 휜 허리를 본다. 그것은 "홀로 세상의 가난을 넘으면서/눈물자리 마를 날 없었"기 때문이다. 그동안 "인생의 풍랑, 묵은지처럼 삭혔을 어머니"이다. "이제 어머니와 함께 마늘 자를 날이/몇 번이나 될까"를 생각하며 그동안 허리가 휘도록 고생한 어머니의 삶을 생각한다.

그날 "장마 온다며 자른 마늘 빨리 싣고 오라/농협에서 재촉하는 방송은 햇빛 위로 쏟아지고/근심은 무성"하다. 마늘 자르는 일이 더딘 손이 속도를 내지 못하자 "고향의 바람은 나의 어깨를 살며시 주물러/다시금 힘을 준다". 늙은 어머니가 허리 아프게 지켜온 고향에 모처럼 가서 화자는 때로 위로를 받지만 "장명등으로 비추던 어머니 등뼈의 꽃은 지고/마디마디에 생긴 옹이,"를 보며 마음이 아프다. 어머니에 대한 애틋함과 더불어 안타까운 마음이 교차하는 고향에서의 일을 아프게 형상화시켰다.

「강강술래」는 어린 시절 고향에서의 신명나는 에피소드이다.

보름밤이면
누가 모이자 하지 않아도
동네 한가운데에 있는
아름드리 소나무가 많았던 선산에서
잔디가 뭉개지도록
손에 손을 잡고 둥글게 서서
빙글빙글 돌며 목청껏 불렀던 강강술래
한복을 입지 않았어도
발에 땀이 나고 물집이 잡히도록
노래에 맞추어 신명나게 돌았다
선산 주인 할아버지는
아이들을 쫓아내느라 숨이 차고
아이들은 할아버지를 피해
밤새 뛰어놀았던
잔디가 유독 좋았던 김씨문중 선산
휘황한 달빛은
삶과 죽음의 세상을 연결해주는
띠 같은 것이었을까
뛰고 또 뛰었던
내 머리 속에
강강술래
강강술래 남아있는

지워지지 않고 빙글빙글 도는
보름달 아래 동그라미.

-「강강술래」 전문

오늘날에는 거의 사라진 민속놀이인 강강술래에 관한 기억을 드러낸다. 화자의 어린 시절엔 한가위 때마다 아낙네들이 넓은 마당이나 공터에서 서로 손을 잡고 빙빙 돌았다. 예로부터 전해오는 민속놀이로 신명나게 놀았다. 이 작품은 달밤에 여성들이 "동네 한가운데에 있는/아름드리 소나무가 많았던 선산에서" "손에 손을 잡고 둥글게 서서" 돌았던 모습을 그림처럼 묘사하고 있다. "보름밤이면/누가 모이자 하지 않아도" 동네 한가운데로 모였다. "빙글빙글 돌며 목청껏 불렀던 강강술래"를 현재의 시점에서 떠올리는 형식의 이 작품은 생각만 해도 강강술래를 하는 모습이 눈에 선하다. '강강술래'는 '술래야 잘 숨어라'라고 하는 의미가 들어있다고 한다. 누군가 목청껏 말을 선창하면 모두가 그 말을 받아넘기는 강강술래는 빙빙 도는 발 리듬과 행동, 그리고 음정이 모두 잘 맞아 떨어져야 매우 신명난다. 본래는 한복을 입어야 제맛이 났지만 "한복을 입지 않았어도/발에 땀이 나고 물집이 잡히도록/노래에 맞추어 신명나게 돌았다". 그런데 이 작품의 배경인 강강술래의 장소는 "김씨문중 선산"이어서 선산주인 할아버지가 아이들을 쫓아내곤 하였다. 그런데 김씨문중의 선산은 죽은 사람들의 공간인데 살아있는 사람들이 강강술래를 하고 있으니 죽음과 삶이 공

존하는 곳으로 마침 "휘황한 달빛은/삶과 죽음의 세상을 연결해주는/띠 같은 것이"기도 했다.

살펴보았듯이 고향은 그리움과 연민의 대상이기도 하지만 신명나는 공간이기도 하다.

3.

왜 시를 쓰는가? 라는 질문에 어떤 대답을 해야 하겠는가? 여러 가지로 시를 쓰고 이유가 있지만 나는 주저하지 않고 시를 쓰는 여러 이유 중에 '인간답게 살고 싶다'는 말을 하고 싶다. 인간답게 살기 위해서는 '반성' 또는 '성찰'을 해야 한다. 자신의 잘못을 알면서도 그것을 개선하지 않으려고 하면 그 사람은 우리가 꿈꾸는 이상적인 사람이 아니다. 그러므로 많은 시인들이 시를 통해 성찰의 모습을 보이는 것이다. 김은아 시인의 작품 속에도 여러 편의 성찰의 시편들이 눈에 띈다. 이는 시인이 보다 나은 인간으로 살고 싶다는 의지를 보이는 것이 아닐 수 없다. 이러한 시인의 노력은 서정시의 본질에 닿아 있다.

효소 담을려고
아카시 꽃잎을 땄다

아기가 엄마 젖을 빨 듯
꽃송이 속에서 단물 빨고 있는 꿀벌
흠칫 놀라며 내 머리 위로
비명 같은 날갯짓으로 윙윙 거렸다

그제야 벌들의 슬픔이었고 눈물이었다는 것을
부질없는 욕심에서 벗어나지 못 한 채
갖고자 하는 마음이 집착을 불렀다
마음 붙잡고
미안한 마음 안고 돌아왔다

꿀벌들에게 도둑이 되어버린 난
꿀 한 방울에도 벌들의 고된 노동이 있다는 걸
알고 난 후부터
미안함과 부끄러움이
선혈처럼 낭자했다.

-「미안하다」 전문

화자는 아카시꽃잎을 딴다. 향기롭고 맛있게 발효시키고자 하기 때문이다. 아카시꽃송이 속에는 꿀벌이 아기가 엄마 젖을 빨 듯 단물을 빨고 있다. 그런데 꿀벌의 식량인 아카시꽃을 화자가 따고 있으니 꿀벌이 놀라는 것은 당연한 일이다. 그래서 꿀벌이 "흠칫 놀라며" "비명 같은 날갯짓으로 윙윙 거"린다. 이렇듯 꿀벌의 식량을 훔치는 행위가 "벌들의 슬픔이었고 눈물"임을, 그리고 "부질없는 욕심에서 벗어나지 못 한 채" "갖고자 하는 마음이 집착을 불렀"음을 화자는 인식하게 된다. 그런 까닭에 화자는 "마음 붙잡고/미안한 마음 안고 돌아왔다"고 한다.

다시 말해 화자가 무심코 자신의 욕망을 채우기 위해 "아카시 꽃잎을" 따는 행위로 인해 "꿀벌들에게 도둑이 되어버"렸고, "꿀 한 방울에도 벌들의 고된 노동이 있다는 걸/알고 난 후부터/미안함과 부끄러움이/선혈처럼 낭자했다"고 고백하기 이른 것이다.

「녹차」에서는 자연을 통해 자신을 바라보며 성찰에 이르기도 한다.

> 겨울
> 들녘에 눈 내리면
> 익숙한 듯 숨죽이며
> 눈과 바람을 이겨냈다
>
> 찻잔에서 퍼지는 수행의 마음
> 옹색했던 마음 활짝 펴며
> 세월이 미끄러지는 소리
> 세상의 속도를 늦춰 걷는다.
>
> 온 몸으로 천천히 다가오는
> 찻잎 머금은 향기가
>
> 오늘 하루도
> 잘 살았느냐고
> 등을 토닥이며 묻는다.
>
> -「녹차」 전문

유용하게 즐겨마시는 녹차 한 잔에도 수행하는 마음이 깃들어 있음을 깨닫게 한다. 즉 '겨울'이라는 인고의 시간을 견딘 녹차가 향기로운 것은 "들녘에 눈 내리면/익숙한 듯 숨죽이며/눈과 바람을 이겨"낸 까닭이다. 눈과 바람을 이겨낸 그 힘이 바로 향기가 되었기 때문이다. 그러므로 우리가 "찻잔에서 퍼지는 수행의 마음"을 느낄 수 있고, 찻잔의 따뜻한 물에서 찻잎이 퍼지는 것에서 "옹색했던 마음 활짝 펴며" 그동안 찻잎이 간직한 "세월이 미끄러지는 소리"를 들으며 "세상의 속도를 늦춰 걷는"다. 그런 까닭에 "온 몸으로 천천히 다가오는/찻잎 머금은 향기가//오늘 하루도/잘 살았느냐고/등을 토닥이며 묻는" 것 같다. 어찌보면 그저 일상적인 삶에서 녹차 한 잔을 마시는 일은 지극히 소소한 일이지만 화자는 그런 행위에서 녹차의 향기가 인고의 시간을 견딘 것에서 비롯되었듯이 화자 자신에게도 녹차의 향기처럼 "수행하는 마음"을 갖고 살기를 바라는 마음을 읽는다. 그러므로 화자는 스스로, 아니 녹차 향기가 "오늘 하루도/잘 살았느냐고/등을 토닥이며 묻는" 것처럼 느껴지는 것이다.

앞에서 살펴본 작품들은 꿀벌이나 녹차 등 자연을 통해 성찰의 마음을 깨달았지만, 「그런 사람」은 사람을 통해 성찰의 마음에 이르고 있다.

나는 누군가에게 보고 싶은 사람인가

세월이 흘러도
그 지방만 지나가도 아무개가 여기에서 사는데
떠오르는 얼굴이었는가

이름만 들어도 그리운 사람이었는가
아, 그 이름

요즘도 시 잘 쓰고 문학 활동 열심히 하고 있다고
궁금한 사람들에게 이름 전할 수 있는 그런 사람인가
슬프고 힘겨울 때 같이 울어주고
눈물 닦아줄 수 있는 그런 사람인가.

-「그런 사람」 전문

인간은 수백 년 전의 사람을 기억한다. 오랜 시간 동안 많은 사람들이 이 세상에 왔다 가지만 우리는 그 중 몇몇 사람만 기억한다. 기억한다는 것은 설령 육신이 죽은 사람일지언정 그 이름이 여전히 기억되고 있다면 죽었다고 할 수 없을 것이다. 진정으로 존재한다는 것은 영혼이 살아있을 때 가능하지 않을까? 이는 모든 사람은 언젠가는 죽기 때문이다.

화자는 도입부에서 "나는 누군가에게 보고 싶은 사람인가"라고 스스로에게 묻는다. 그러나 이 질문은 나 아닌 누군가에게 물어봐야 한다. 오랜 시간이 지나도 누군가가 '나'를 기억하고 있다면 나는 죽었어도 영혼이 살아있기 때문이다. 설령 살아있다 해도 모두가 나를 기억하지 못한다면 나는 죽은 것이나 마찬가지일 것이다. 그런 까닭에 화자는 "나는 누군가에게 그리운 사람인가"라고 묻는 것이다. "세월이 흘러도/그 지방만 지나가도 아무개가 여기에서 사는데" 또는 "여기에서 살았는데"라고 생각할 수 있다면 그 사람은 행복한 사람일 것이다. 생전에 인간답게 살았다는 증거이기 때문이다. 여기에서 전제가 되는 것은 긍정적으로 누군가가 떠올라야 한다는 것이다. 부정적인 의미의 얼굴이 아니어야 한다는 것이다. 우리는 살아가면서 "이름만 들어도 그리운 사람이"어야 한다. "아, 그 이름/요즘도 시 잘 쓰고 문학 활동 열심히 하고" 있어라고 말할 수 있는 사람이어야 한다. 또한 "슬프고 힘겨울 때 같이 울어주고/눈물 닦아줄 수 있는 사람이"이 되어야 한다. 그랬을 때 세월이 많이 흐른 뒤에도, 모두가 잊혀졌어도 '아, 그 사람이 그립다'라고 말할 수 있어야 한다고 화자는 스스로에게 묻고 있다.

4.

한국문학에서 생태학적 상상력에 본격적으로 관심을 가진 것은 1990년대 부터이다. 우리나라가 어느 정도 산업화가 이루어진 시기이다. 이전까지 경제개발에 눈이 멀어 반생태적인 경향이 있어왔기 때문에 문학인들이 친환경적인 발언을 내놓지 못하고 있다가 민주화가 이루어진 시점에서 본격적으로 반환경적인 생태에 대해 비판적인 목소리가 나오기 시작하였다. 오늘날에는 생태운동이 문단에서 조금 시들어진 느낌이 들지만 여전히 작가 개별적인 차원에서 환경문제 등 생태문학에 대해 관심을 보이고 있다.

김은아 시인 역시 첫 시집에 이어 그 연장선에서 끊임없이 생명성을 탐구하는 시편들을 선보이고 있어 김은아 시인의 시세계에 중요한 자리를 차지하고 있다. 김은아 시인에게 있어서 생명시의 경향은 일부러 생명성에 관심을 보이는 것이 아니라 삶 속에서 일상으로서의 생명성

탐구를 보이고 있다.

오늘날 그 많았던 참새들이 다 어디에 갔는지 옛날처럼 흔하게 눈에 띄지 않는다. 사람 가까운데 살며 사람과 가장 가까이서 애증의 관계로 친숙했던 참새들이 많이 사라져가고 있어 서운하고 안타깝다.

화자는 "하루 일을 끝마치고/일행들과 식당에 가"고 있었다. 그때 "주택가 탱자나무에 앉아/저녁을 맞는 참새들"이 "혹시, 우리 집 담장으로 날아와/먹이 먹고 가던 그 참새들일까?" 하고 생각해 본다. 앞에서 밝힌 것처럼 사라져가는 흔하디 흔했던 참새들조차 사라져가는 시점에 "도심에서 참새를 집단으로 만날 수 있다는" 것조차 하나의 "행복감"이 되고 있어 화자에게 뿐만 아니라 사람들에게 참새는 그리운 존재가 되어가고 있음을 내비친다. 인정이 많은 화자는 "겨울이 혹독할수록 먹는 것도 부실했을" 것이라고 걱정을 한다. 참새가 줄어드는 것은 그만큼 환경이 열악해지고 있다는 증거인데 겨울을 어떻게 지냈을지를 걱정한다. 그런데 한 무리의 참새를 도심에서 만날 수 있어 반가워하면서 "지난 겨울 잘 버티고/여유롭게 휴식을 취"할 수 있어 다행이라고 한다. 그래서 참새들이 "화단에 내려와/열매를 다 따 먹어도 밉지 않는"다. 생명에 대한 외경심을 화자가 지녔기 때문이다.

김은아 시인의 생명시편에서는 유독 '봄'을 주제로 한 것들이 많다. 알다시피 시적 상징으로써 '봄'의 의미는 생명, 회춘, 재생을 의미한다. 상대적으로 김은아 시인의 시편들에서 '겨울'을 주제로 한 시편들이 별로 없는 것도 이와 궤를 같이한다고 볼 수 있다.

따뜻한 햇볕이
창문 너머 마루로 들어오면
강아지는 낮잠을 청하고
화초들은 생기가 넘친다

바람이 불면 부는 대로
비가 오면 오는 대로
적막했던
침묵의 시간 속에서
겨울의 흔적을 지워가는
순리를 펼친다

천광년을 달려온
훈훈한 햇볕이 도착하는
봄날의 오후.

-「봄날」 전문

겨울은 매우 추운 날들이어서 만물이 숨을 죽이고 인내하는 시간이다. 그러므로 '봄'이 온다는 것은 겨우내 움추렸던 생명체들에게는 환희의 순간이다. "따뜻한 햇볕이/창문 너머 마루로 들어오면/강아지도 낮잠을 청하고/화초들은 생기가 넘친다". 비로소 생명체들이 움추렸던 것을 활짝 펴고 생명활동을 하기 시작한다. '삶'은 '살림'을 말한다. 그리고 '살림'은 '죽음'과는 상반된 의미로 '존재'한다. 그런 까닭에 '봄'은 '삶' 또는 '살림'과 동의어로 쓸 수 있다. 겨울이 지나고 따뜻한 날, 즉 봄이 와서야 비로소 '삶' 또는 '살림'이 시작된다. 봄이 와서 훈훈해진 "바람이 불면 부는 대로/비가 오면 오는 대로/적막했던" '겨울'이라는 "침묵의 시간"을 견딘 후에 비로소 봄날의 푸르름으로 칙칙했던 "겨울의 흔적을 지워"간다. 이러한 절기의 변화가 "순리"인 것이다.

이렇듯 햇볕이 따사롭게 창문너머로 비출 때면, 즉 "천 광년을 달려온/훈훈한 햇볕이 도착하는/봄날의 오후." 화자 뿐만 아니라 봄을 기다린 사람들 모두에게 행복한 시간이 될 것이다.

김은아 시인은 하찮은 곳에서 꽃을 피운 식물에도 눈길이 머문다.

물홈통 밑 배수구에
매발톱 얌전히 자리 잡고 앉아
옆 화분에서 흘러나온 물 먹고
꽃 피었다
부끄러운지
고개 푹 숙이고
발톱의 힘으로
배수구 꽉 부여잡고
바람에 흔들리며 피었다
사람도 꽃도 예뻐야 사랑받는 세상
촉촉하게 내려앉은 향기
꽃비처럼 내린 마음의 빈 터에 닿지 못하고

혼자서 피었다.

-「하늘매발톱꽃」 전문

하늘매발톱은 흔히 산이나 정원 쯤에서 자라는 식물이다. 그런데 화자의 눈에 띈 하늘매발톱은 "물홈통 밑 배수구에/매발톱 얌전히 자리 잡고 앉아" 있다. "옆 화분에서 흘러나온 물 먹고/꽃 피었다". 화분이나 정원에서 편하게 자라야 할 하늘매발톱이 배수구에서 자라 꽃까지 피워냈으니 참으로 장하게 보였을 것이다. 당당하게 꽃을 피었음에도 "부끄러운지/고개 푹 숙이고/발톱의 힘으로/배수구 꽉 부여잡고/바람에도 흔들리며 피었다". 화자는 배수구에서 꽃을 피운 하늘매발톱꽃을 대견하게 바라보며 "사람도 꽃도 예뻐야 사랑받는 세상"임을 생각한다. 그럼에도 불구하고 "촉촉하게 내려앉은 향기/꽃비처럼 내린 마음의 빈 터에 닿지 못하고/혼자서 피"어있는 것에 대해 안타까워하고 있다. 아무리 하찮은 생명일지라도 하찮은 것은 없다는 생명성을 앙양하는 경외심 깊은 마음을 화자는 내비치고 있는 것이다.

5.

시인은 정서적 사건을 통해 새로운 감정을 발견하는 사람이다. 그러므로 모두가 흔하게 보고 만나는 정서적 사건이나 일상의 풍경에서도 놓치지 않고 상상력을 발현시킨다. 그런 까닭에 시인은 머리에 안테나를 하나씩 꽂고 다니는 까닭에 어느 누구보다도 먼저 무엇인가를 잡아낼 수 있다. 김은아 시인 역시 지극히 사소한 일상에서 시적 감흥을 느끼는데 능숙하다. 그런 까닭에 그의 작품들은 소소한 것에서도 상상의 촉수가 발동하여 새로운 정서적 풍경을 그리곤 한다.

> 못물에 석양이 빠졌다
> 논둑 위에 빙빙 도는 잠자리의 날개가 떨리고
> 싱그러운 잎 하나 던져주고 자리를 뜨는 가로수
> 출렁거리는 색채 위로 아무렇게나 그린 그림이 놀다 가고
> 구름이 내려와 발을 담그고 있다
> 집으로 가는 백로의 날갯짓에
> 얹혀있는 삶의 무게가
> 조금씩 가벼워져 보이는 시간
> 뒤따라 오는 긴 그림자가 성큼성큼
> 익어가는 청보리 냄새가 따라왔다
> 가로수 길 위의 하얀 이팝꽃 나무 아래에서
> 퇴근길 고픈 배를 쓰다듬는
> 못물에 내려앉은 산등성이의 이마가 깊어져 간다.
>
> -「귀로」 전문

집으로 돌아가는 길이다. 때는 저녁무렵이어서 "못물에 석양이 빠졌다" "논둑 위에 빙빙 도는 잠자리의 날개가 떨리고/싱그러운 잎 하나 던져주고 자리를 뜨는 가로수". 화자는 하루가 저물어 가는 때의 풍경을 그대로 보여준다. 아주 평화로운 모습이 계속 펼쳐진다. 화자의 시선은 "출렁거리는 색채 위로 아무렇게나 그린 그림이 놀다 가고/구름이 내려와 발을 담그고 있다". 못에 해가 지

는 모습으로 비추고 고추잠자리가 논둑 위에서 하늘거리고 있다. 그리고 봄날의 새파란 잎새를 가로수가 떨구고 있는데 못에 풍경들이 비쳐 흔들거리고 있다. 바람이 살살 불고 있음을 말하지 않아도 알 수 있다. 저녁 무렵이어서 백로가 날갯짓을 하며 집으로 돌아가는데 그 모습을 보는 화자는 살아가는 것에 대해 생각한다. 하루 종일 백로가 살기 위해 먹이활동하는 것에서, 사람 역시 백로처럼 고단한 삶의 여정을 이어가는 운명에서 삶의 무게를 느낀다. 이러한 저녁풍경을 바라보며 집으로 돌아가는 화자는 "익어가는 청보리 냄새가 따라"오는 것에서 싱그러움을 느낀다.

봄날 저녁풍경은 이어져서 "가로수 길 위의 하얀 이팝꽃 나무 아래에서/퇴근길 고픈 배를 쓰다듬는/못물에 내려앉은 산등성이"를 바라보고 있다. 마치 동영상을 보여주듯 끊임없이 이어지는 풍경은 백로든 사람이든 저녁이면 돌아가는 귀소본능의 이미지를 통해 일상의 사소한 풍경을 비춰준다.

「허공에 내민 손」에서는 자연의 하나인 더덕줄기와 문명의 상징인 자동차를 매개로 하여 삶의 이치를 갈파하고 있다.

주택가 작은 사찰
담장 밖으로 길게 뻗은 더덕 줄기
허공에서 헤매고 있다
어디로 가야하나

누가 손 한 번 잡아주면
손쉽게 올라갈 수 있으련만
아무것도 잡을 수 없는 허공에서
두려운 손은 헛 손짓만 한다

비바람에 흔들리고
허리가 부러질 것 같아
아래로 곤두박질 치기도 한다

담장 밖 세상이 좋은 줄 알았는데
억지에 억지를 쓰는
시끄러운 소리가
귀를 의심하게 한다

지나가는 차량들의 매연에 숨이 막혀
얼른 문을 닫아버리고 싶어
댕그랑 댕그랑
종이나 칠까 보다.

-「허공에 내민 손」 전문

시선 하나가 주택가에 있는 작은 절을 바라보고 있다. "담장 밖으로 길게 뻗은 더덕 줄기"와 "허공에서 헤매고 있다". 더덕줄기는 아무것도 붙잡을 수 없는 허공에서 "어디로 가야하나" "누가 손 한 번 잡아주면/손쉽게 올라갈 수 있으련만" 화자는 더덕 줄기가 어디로 가야할지 갈피를 못잡고 두려운 헛손질을 하고 있다고 여긴다. 일방적인 화자의 생각이 개입된 이 작품에서 화자는 "비바람에 흔들리고" 있는 모습에서도 "허리가 부러질 것 같아" 보인다고 생각한다. 이러한 더덕줄기의 모습에서 화자는 더덕줄기가 담장 밖의 세상이 궁금해서 담장밖으로 가고자 한다고 여긴다. 더덕줄기가 담장을 넘기 위해 허공에서 길을 잃었을 때 "억지에 억지를 쓰는/시끄러운 소리가" 들려온다. 뿐만 아니라 "지나가는 차량들의 매연"이 숨막히게 한다. 이것을 다 알고 있는 화자는 사찰이라는 엄숙하고 조용한 공간에서 담장 밖의 시끄러운 세상으로 이동하려는 더덕줄기의 호기심에 대해 우려를 드러낸다. 여기에서 아무것도 잡을 수 없는 허공이 있는 담장이라는 지점은 고요한 공간과 시끄러운 공간, 또는 신성하고 엄숙한 공간과 시끄럽고 매연이 풍기는 공간의 경계로써 화자는 허공에서 두려운 헛손질을 하는 더덕줄기의 망설임을 본다. 화자는 사찰이라는 신성성과 차량들의 매연이 있는 세속의 경계인 담장이 인간들이 처해있는 지점이라고 인식하고 있다.

흔하게 볼 수 있는 풍경에서 시인은 성(聖)과 속(俗)의 경계에 선 인간의 모습을 발견한다.

다음의 「송정공원에서」는 현실에서의 여성성을 은연중에 드러내고 있다.

설 명절 끝나고
기차는 귀성객을 나르느라
긴 여운을 남기며 바쁘게 사라지고
심연의 밑바닥에서는

아쉬움과 서러움에
고독이 더 깊어진다.

상처 깊은 날개 한 번 펴보지 못하고
낭떠러지 밑으로 떨어지는가.
삶의 무게에 짓눌려
이러지도 저러지도 못하는
여인들의 속은 까맣게 타들어도
아는지 모르는지 모르는 척 하는 건지
무심한 사람들,

겨울 솔잎들이 푹신하게 깔린
공원 솔밭 길에
훈풍이 그나마 함께 걷는다.
발걸음에 놀란 새가 날개를 펴고
농부는 어느새 아껴둔 씨앗들을 들고 나와
햇볕과 타협 중이다

사람들은 휴식 찾아 공원을 찾고
나는 용아 시비 옆에서
남은 생을 잘 경작하자고 생각이 깊어진다.

-「송정공원에서」 전문

설명절이 끝난 이후 여성들의 심사를 형상화시킨 작품이다. 주지하다시피 그동안 여권신장이 많이 되었다하여도 여전한 것은 명절 때 음식장만 등 가사노동을 맡은 것은 여성들이다. 이러한 배경을 둔 이 작품 속의 화자는

"심연의 밑바닥에서는/아쉬움과 서러움에/고독이 더 깊어진다"고 진술한다. '아쉬움과 서러움' 그리고 '고독'은 무엇인가? 그리고 "삶의 무게에 짓눌러/이러지도 저러지도 못하는/여인들의 속은" 왜 까맣게 타들어 가는가? 이 작품은 페미니즘 관점에서 이해해야 할 것 같다. 우리나라 여성들의 지위가 여전히 가부장 또는 남성 중심적 관습에 있기 때문이다. 명절 때의 가사노동에서 오는 부작용은 우리가 흔히 보아왔던 것이다. 여성인 화자 역시 가사노동에서 자유롭지 못했을 것이다. 그런 까닭에 설명절이 끝나 귀성객들이 돌아간 후 설명절 때의 아쉬움과 여성으로서의 자유롭지 못한 한계에 대해 탄식하는 것은 아닐까? 분주했던, 그리고 힘겨웠던 설명절이 지나 혼자서 공원을 찾아 자신에게 놓여진 현실을 절망하며 "아쉬움과 서러움에/고독이 깊어"지며 고뇌하는 것이리라. 이러한 처지의 화자는 "삶의 무게에 짓눌러/이러지도 저러지도 못하"고 있는 것은 화자뿐만 아니라 여성들의 현실임을 깨우치고 있다. 그럼에도 불구하고 여성들의 속이 까맣게 타들어가는 것은 "아는지 모르는지 모르는 척 하는 건지/무심한 사람들,"은 남성들의 태도가 아닐까.

"겨울 솔잎들이 푹신하게 깔린/공원 솔밭 길에/훈풍이 그나마 함께" 하여 잠시 화자는 작은 위로를 받는 것이리라. 그러면서 화자는 자신의 현실을 극복할 의지도 드러내지 못한 채, 어쩌면 홀로 공원에 호젓하게 자족하면서 "남은 생을 잘 경작하자고 생각이 깊어진다."고 한다.

이 작품은 여성성을 생각하면서도 혼자의 힘으로는 어

쩌지 못하는 화자의 내면이 깃들어 있다.

김은아 시집

흰 바람벽

2019년 12월 5일 인쇄
2019년 12월 10일 발행

지은이 | 김 은 아
펴낸이 | 강 경 호
인쇄 · 기획 | 도서출판 시와사람
등록 | 1994년 6월 10일 제 05-01-0155호
주소 | 광주시 동구 백서로 125번길 32-5(금동)
전화 | (062)224-5319
팩스 | (062)225-5319
E-mail | jcapoet@hanmail.net

ISBN978-89-5665-554-3 03810

값 10,000원

· 이 책은 광주문화재단의 지역문화예술육성지원사업으로 지원받아 제작되었습니다.
· 잘못된 책은 바꾸어 드립니다.

공급처 ■ 한국출판협동조합
경기도 파주시 탄현면 오금리 202번지
주문전화 (02)716-5616, 070-7119-1740